Nedim Sönmez · Grundkurs Marmorieren

NEDIM SÖNMEZ

GRUNDKURS
MARMORIEREN
TECHNIK–MUSTER–MOTIVE

Christophorus-Verlag · Freiburg i. Br.

Inhalt

Eine traditionsreiche Kunst

Geschichte

Das Marmorieren hat seine Ursprünge im Orient. Vorläufer könnte die japanische Papierfärbetechnik des Suminagashi gewesen sein, deren Wurzeln vermutlich in China liegen. Die ältesten Beispiele datieren aus dem 12. Jahrhundert. Suminagashi-Papiere fanden Verwendung bei den Buchbindern, als Briefpapier, für Paravents, ja sogar Kleider und Taschen wurden im alten Japan daraus hergestellt.

Die aus dem islamischen Raum stammende Marmoriertechnik heißt *Ebru*. Die überragende Bedeutung, die der Islam dem Wort – und damit auch dem Buch – beimaß, ließ zahlreiche Künste entstehen und begründete eine Buchkunsttradition ohnegleichen. Der angesehenste Künstler war der Kalligraph, und von seiner Hochschätzung profitierten auch jene Künstler und Kunsthandwerker, die mit ihm in Ver-

Ebru als Schriftuntergrund von Mir Ali aus Herat, vor 1539; Universitätsbibliothek Istanbul (FY 1423)

bindung standen, wie der Buchilluminator, der Miniaturmaler, der Buchbinder, der Tintenmacher, der Papierfärber und nicht zuletzt der Marmorierer.

Als eine Linie dieser weitverzweigten Tradition haben sich im Orient eine Vielzahl spezieller Papierbehandlungs- und Färbetechniken entwickelt. Sie reichen vom einfachen Präparieren des Papiers bis zu hoch verfeinerten, dekorativen Techniken, zu denen auch Ebru zu zählen ist.

Ebru als Wort bedeutet „wolkig" und bezeichnet das feine, pastellfarbene Wolkenmuster des Papiers. Wegen der Adernstruktur, die sich bei einigen der typischen Musterarten ergibt, wird im europäischen Raum überwiegend von *Marmorpapier* gesprochen. Die wenigen datierten Belege, die uns heute als die ältesten bekannt sind, stammen aus der ersten Hälfte des 16. Jahrhunderts. Sie sind Pastellblau und tragen, mit

Marmorierte Buchseite einer Handschrift, 1595; Sammlung Işık Yazan, Istanbul

der Jahreszahl 1539 versehen, die Kalligraphien von Mir Ali aus Herat. Rund fünzig Jahre später galt Istanbul als das Zentrum von Ebru. Viele der Muster, die wir heute kennen, sind zu jener Zeit dort entwickelt worden. Überall auf Basaren und Märkten waren Ebru-Papiere zu finden; sie standen als Schreibpapier bei den Kalligraphen hoch im Kurs.

Besonders anziehend waren sie auch für zahlreiche Reisende aus Europa, die im 16. Jahrhundert den Orient besuchten. Sie erwähnten Ebru in ihren Reiseberichten und brachten neben anderen Kuriositäten und Kostbarkeiten auch Ebru-Papiere mit nach Europa. Als einzelne Seiten in Stammbücher eingebunden, zeugen sie noch heute von dem künstlerischen Reichtum der damaligen Ebru-Meister.

Im Orient wurden das Wissen und die Kunst von Ebru vom Meister auf den Schüler überliefert oder in Familien von Generation zu Generation bis heute weitergegeben. Neben den klassischen Mustern haben viele orientalische

Meister auch ihre eigenen Phantasien in die Ebru-Formenwelt eingebracht: Heute sind uns Herz-, Stern- und Blütenmuster oder Blumendarstellungen in den vielfältigsten Variationen bekannt.

Nach der ersten Begegnung mit „Türkisch Papier" durch die Berichte der Reisenden und mitgebrachte Exemplare ging man in Europa Anfang des 17. Jahrhunderts selbst an die Umsetzung der Marmorierkunst. Der im Jahre 1636 gestorbene Mathematiker und Orientalist Daniel Schwenter war der erste, der sich in Deutschland in seinen Schriften mit dem Marmorieren befaßte. Ihm folgten eine ganze Reihe Gelehrter nach. Innerhalb kurzer Zeit war dieses schöne und faszinierende Buntpapier in Europa bekannt und beliebt und vor allem bei den Buchbindern in regem Gebrauch. Trotz immer neuen Papierfärbetechniken, die nach und nach erfunden wurden, galt das Marmorieren jahrhundertelang – und es gilt heute noch – als etwas ganz Besonderes.

Nach wechselvoller Geschichte erlebte das Marmorieren gegen Ende des 19., Anfang des 20. Jahrhunderts in Europa eine wahre Renaissance. Dem Ungar Josef Halfer fällt das Verdienst zu, die Marmoriertechnik, wie sie im Orient praktiziert wurde, für ihren problemloseren Gebrauch in Europa weiterentwickelt zu haben. So ersetzte er Gummitragant zur Herstellung des Schleimgrundes durch das preiswertere und besser geeignete Carragheen. Er stellte Marmorierfarben her, die es bald als „Halfersche Marmorierfarben" fertig zu kaufen gab.

Marmorierte Kalligraphie von Nedim Sönmez, 1991; nach einer Kalligraphie von Hafız Kemal Batanay (1891-1981)

Aus der Zeit um die Jahrhundertwende stammen neben Josef Halfers „Marmorierkunst" weitere Fachbücher von Josef P. Böck, Joseph Hauptmann, Paul Adam, Paul Kersten und August Weichelt, die uns heute wertvolle Hinweise geben.
Nach dem 2. Weltkrieg nahm das Interesse an der Marmorierkunst zunächst ab. In den 70er Jahren erwachte Ebru jedoch zu neuem Leben. Zahlreiche Bücher, Zeitschriftenartikel und Ausstellungen erinnern an diese schöne Kunst und tragen zu ihrer weiteren Verbreitung und Entwicklung bei.

Verwendung

Im Orient diente das Marmorpapier in erster Linie den Kalligraphen als Schreibpapier. Durch die Verwendung von Marmorpapier konnte nicht nur der künstlerische Wert einer kalligraphischen Schrift gesteigert werden. Es war auch zweifelsfrei zu belegen, daß es sich um eine korrekturfreie Handschrift handelte. Denn die üblichen Korrekturverfahren hätten unweigerlich das farbige Muster des Papiers beschädigt und die Korrektur sichtbar gemacht. Außerdem gebrauchte man marmorierte Papiere als Umrahmung von kalligraphischen Schriften, Miniaturen und weltlichen wie religiösen Gedichten. In der Buchbindekunst waren marmorierte Vorsatzpapiere, Einbände und Buchschnitte beliebt.

Im europäischen Raum gehörte seit Jahrhunderten die Buchbinderei zu den Hauptanwendern marmorierter Papiere. Das Verfahren selbst wurde auch für die Buchschnittgestaltung eingesetzt. Erinnert sei an die schnittmarmorierten Rechnungsbücher, die man hier und da noch finden kann. Aber auch Schränke, Kommoden, Koffer und Schatullen waren mit Marmorpapier ausgeschmückt. Erhalten sind auch Beispiele für die Anwendung der Marmoriertechnik auf anderen Materialien wie Leder oder Stoff. Heute trifft man in jedem Schreibwarengeschäft Tagebücher, Fotoalben, Dosen, Schatullen oder Mappen, die mit Marmorpapier bezogen sind. Hier wie bei den Bucheinbänden von Taschenbüchern ist jedoch Vorsicht angebracht: Die wenigsten sind aus den einzeln hergestellten original Marmorpapieren, sondern aus deren gedruckten Imitaten. Ein untrügliches Zeichen ist meistens der Preis... Marmorierter Stoff wird für Kleidungsstücke, Pol-

stermöbel oder für Lampenschirme verwendet; Marmormustern begegnet man auf Glas und Keramik. Die Reihe ließe sich noch weiter fortsetzen; sie genügt jedoch, um zu beweisen, welche Faszination das Marmorieren immer noch auf uns ausübt.

Eigene Erfahrungen

Während meines Pädagogikstudiums in der Türkei zwischen 1972 und 1975 kam es zu meiner ersten Begegnung mit der traditionellen Marmoriertechnik „Ebru". Diese Technik zog mich so in ihren Bann, daß ich 1980 begann, mich ausschließlich dem Marmorieren zu widmen. Damals gab es kaum Fachbücher, die mir die vielen für mich noch offenen Fragen beantworten konnten: Welche handelsüblichen Farben kann ich verwenden? Mit welchen Mitteln erhalte ich bestimmte Muster, oder welches sind die typischen Fehlerquellen? So kam ich in die glückliche Lage, viel Phantasie und Improvisationsvermögen zu entwickeln und fundamentale eigene Erfahrungen zu machen. Heute füllt ein Büchernachweis über dieses Thema mehrere Seiten meines umfassenden Buches „Ebru – Marmorpapiere" (Ravensburger Buchverlag) – zu viel, um hier wiedergegeben zu werden.

Trotzdem weiß ich aus vielen Gesprächen, wie schwierig es für den Laien ist, sich den Marmorierprozeß vorzustellen, ohne ihn je in der Praxis gesehen zu haben. Bei unseren Marmoriervorführungen wird mir das besonders deutlich: Wer anhand der vorausgehenden theoretischen Erklärungen meinte verstanden zu haben, wie marmoriert wird, und bisweilen skeptisch war, ob das denn wirklich so funktionieren kann, ist nach der praktischen Demonstration verblüfft, fasziniert und erstaunt zugleich, wie einfach es tatsächlich ist und wie gut es sich steuern läßt.

Dieses Buch soll eine praktische Marmoriervorführung sein. Die einzelnen Schritte werden auf großformatigen Farbfotos wiedergegeben, so daß die Herstellung aller klassischen Musterarten genau verfolgt und nachvollzogen werden kann.

Marmorieren ist eine wunderbare Kunst, die sich ihr begeistertes Publikum jahrhundertelang bewahrt hat. Nach wechselvoller Geschichte erlebt sie heute unbestreitbar einen Höhepunkt. Die vergleichsweise unkomplizierten Vorbereitungen, die schnellen Ergebnisse und der unendliche Spielraum für Experimente und Phantansie machen das Marmorieren beliebt und haben dadurch wesentlich zu seiner Verbreitung beigetragen. Wie jede andere Technik hat natürlich auch das Marmorieren seine spezifischen Probleme und Schwierigkeiten. Mit Übung, Geduld und Phantasie lassen sie sich nicht nur überwinden, sondern die dadurch gewonnenen Erfahrungen bilden den handwerklichen und künstlerischen Grundstock, der Sie von jedem Vorbild löst und Sie zu ganz eigenen Erfindungen und zu einer nie geahnten Entfaltung führt.

Dieses Buch ist lediglich eine Einführung in die Welt des Marmorierens, in der Sie sich bald selbst zurechtfinden werden und deren Erkundung Ihnen viel Freude machen wird.

Nedim Sönmez

Materialien und Hilfsmittel

Die Materialien und Hilfsmittel zum Marmorieren sind teils in der Apotheke, in Hobby- oder Schreibwarengeschäften erhältlich, teils müssen sie vom Marmorierer selbst hergestellt werden.

Carragheenmoos

Marmorieren ist eine Papierfärbetechnik, die auf einer Flüssigkeit durchgeführt wird. Für die Herstellung dieser besonderen Flüssigkeit wurden seit Jahrhunderten verschiedene pflanzliche Substanzen verwendet. Anfängern oder Hobbymarmorierern empfiehlt man zumeist Tapetenkleister, weil dieser sich einfach zubereiten und verwenden läßt. Nach meiner Erfahrung sollte jedoch Carragheen bevorzugt werden. Erstens ist die Zubereitung eines Carragheen-Schleimgrundes nicht aufwendiger als das Anrühren einer homogenen, blasenfreien Kleistermasse, und zweitens sind die Resultate wesentlich besser, was für die Motivation eines Anfängers nicht unwichtig ist. Carragheen ist seit der zweiten Hälfte des 19. Jahrhunderts in der Marmorierkunst in Gebrauch und löste das bis dahin zumeist verwendete Gummitragant ab.

Carragheen, auch Carragheenmoos oder Irisch Moos genannt (nicht zu verwechseln mit Isländisch Moos, wie in manchen Veröffentlichungen angegeben), ist eine Alge, die für unsere Zwecke getrocknet und fein gemahlen in der Apotheke zu kaufen ist.

Herstellung des Marmoriergrundes

Nehmen Sie pro Liter Wasser 20 Gramm Carragheen. Soll der Schleim dünner werden, kann die Menge bis auf 15 Gramm reduziert werden. Zuvor aber müssen Sie die für Ihre Marmorierwanne erforderliche Flüssigkeitsmenge abmessen: Die Flüssigkeit sollte etwa 2 bis 4 cm hoch in der Wanne stehen.

Angenommen, Sie wollten 10 Liter Marmoriergrund zubereiten. Dazu bringen Sie drei Viertel dieser Menge, also 7,5 Liter, zum Kochen. Bevor das Wasser kocht, rühren Sie 1,5 Gramm Borax pro Liter hinein (insgesamt also 15 Gramm). Das Borax dient als Wasserenthärter. Dem kochenden Wasser geben Sie unter ständigem Rühren das Carragheen hinzu und lassen die Masse 4 bis 5 Minuten leicht kochen. Arbeiten Sie mit einem Elektroherd, empfiehlt es sich, die Platte frühzeitig abzuschalten, denn die schäumende Masse neigt zum Überkochen. Gießen Sie dann das restliche Viertel der abgemessenen Wassermenge, hier die 2,5 Liter, kalt hinein und rühren gut um. Die Masse wird nun in ein anderes Gefäß umgefüllt und zum Abkühlen, am besten über Nacht, an einen kühlen Ort gebracht. Am nächsten Tag gießen Sie die Masse durch ein Stoffsieb, das Sie sich aus einem Holzrahmen, der mit Mulltuch oder feinem Gardinenstoff bespannt wird, leicht selbst herstellen können.

Nachteil des Carragheen-Grundes ist, daß er im Sommer bzw. in einem warmen Raum schon nach wenigen Tagen verdirbt. Die pflanzlichen Eiweißstoffe zersetzen sich, was man daran erkennt, daß die Masse immer flüssiger wird und einen unangenehmen Geruch ausströmt. Eine Konservierung wie in früheren Zeiten mit Formalin verbietet sich wegen der Gesundheitsschädlichkeit dieser Chemikalie.

günstige Wandungshöhe sind 5 bis 7 cm.

Ochsengalle

Die Ochsengalle hat als Farbzutat eine ganz entscheidende Funktion: Weil sie vom Atomgewicht her leichter als Wasser ist, hält sie die Farben während des Marmorierens auf der Oberfläche der Marmorierflüssigkeit. Sie verhindert also deren Absinken und verleiht ihnen gleichzeitig Triebkraft, so daß sie sich auf dem Marmoriergrund ausdehnen können. Die Stärke dieser Ausdehnung hängt von der Menge der zugegebenen Galle ab.

Ochsengalle mit destilliertem Wasser vermischt, kann auch als *Sprengwasser* eingesetzt werden (Beispiel s. Seite 20). Das Mischverhältnis kann 50:50 (z. B. Tropfen) sein. Jedes andere Mischverhältnis zeigt unterschiedliche Wirkung und kann nach Erfahrung gezielt eingesetzt werden.

Ochsengalle wird, verwendungsfertig in kleinen Flaschen abgefüllt, in Hobby- oder Farbengeschäften angeboten.

Marmorierwanne

Die Größe der Wanne richtet sich nach der Größe der Papierbogen, die darin marmoriert werden sollen. Für den Anfang dürfte eine Fotoentwicklungsschale oder eine Plastikwanne, wie man sie in verschiedenen Größen in Haushaltsgeschäften finden kann, genügen. Sie können sich aber auch eine Wanne aus Stahl, Zinkblech oder Plexiglas in den gewünschten Maßen anfertigen lassen, was schon etwas kostspieliger ist. In der Regel werden keine aggressiven Substanzen beim Marmorieren verarbeitet, so daß das Wannenmaterial lediglich rostfrei sein muß. Grundsätzlich sollte die Wanne 3 bis 4 cm länger und breiter sein als der zu marmorierende Papierbogen, damit das Papier beim Auflegen nicht an den Wannenrändern streift und genügend Platz für die Hände bleibt. Eine

Farben

Temperafarben aus der Tube können Sie in jedem Farben- oder Hobbygeschäft finden. Sie eignen sich sehr gut zum Marmorieren. Die Farben werden in Eierbechern ähnlichen Behältern oder kleinen Glasschälchen mit *destilliertem* Wasser und Ochsengalle angerührt. Größere Mengen angerührter Farbe bewahren Sie gut zudeckt und an dem Ort auf, an dem auch die Wanne steht, damit beide ähnliche Temperaturen haben. Als Farbbehälter habe ich mir die kleinen, gut verschließbaren Plastikdöschen besorgt, in denen Filmrollen verkauft werden. Für die Menge an Ochsengalle und Wasser, die man den Farben beimischt, gibt es kein Patentrezept. Fast alle Farben benötigen unterschiedliche Mengen dieser Beigaben als Folge der verschiedenen Farbstoffe, aus denen sie hergestellt sind. Außerdem beeinflußt auch die Konsistenz des Marmoriergrundes das optimale Mischungsverhältnis.

Als sehr grober Anhaltspunkt kann mit etwa je 10 Tropfen Galle und destilliertem Wasser pro cm Tubenfarbe gerechnet werden. Wasser und Galle sollten mit einer Pipette tropfenweise nach und nach und unter ständigem Rühren der Farbe beigefügt werden. So lange mit einem Stäbchen durchrühren, bis sich alles gut vermischt hat. Es empfiehlt sich, während der Farbzubereitung immer wieder Versuche auf dem Marmoriergrund zu machen.

Pipetten, die auch für das Auftragen der Farbe auf den Marmoriergrund benötigt werden, findet man in der Apotheke.

Marmorierpinsel, Stäbchen und Kämme

Als Utensilien für den Farbauftrag eignen sich verschiedene Borstenpinsel oder ein selbst hergestellter Marmorierbesen. Man fertigt ihn aus sog. Reisstroh oder aus ein paar Borsten eines Sorgho-Besens, die man zu einem etwa 1 cm breiten Bund zusammenbindet.

Für die Musterbildung auf dem Marmoriergrund brauchen Sie handelsübliche Holzspießchen oder -stäbchen, nicht rostende Nadeln und Nägel verschiedener Stärken.

Für die Herstellung einer ganzen Reihe grundlegender Musterarten werden bestimmte Marmorierkämme benötigt. Solche Kämme müssen Sie sich je nach gewünschtem späterem Muster selbst herstellen. Ganz einfach, jedoch nicht sehr haltbar, sind Pappstreifen, die in den ge-

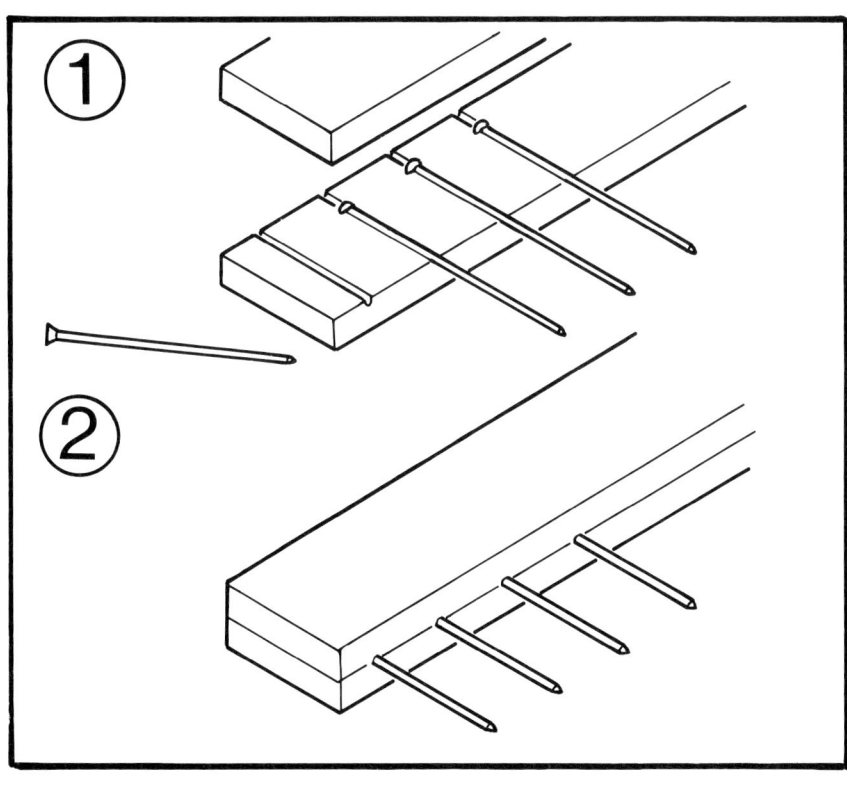

wünschten Abständen mit Nadeln oder Nägeln gespickt werden.

Einen „Profikamm" können Sie sich aus zwei 1,5 bis 2 cm breiten Holzleisten selbst herstellen.

Beachten Sie dabei bitte, daß die Kerben für die unbedingt rostfreien Nägel, Stifte oder Nadeln in gleichmäßigen Abständen (von 0,3 bis 3 cm) parallellaufend mit dem Messer oder einer Säge (je nach Holzhärte) angelegt werden sollten. Die Stifte werden in den Kerben mit wasserfestem Leim fixiert, ebenso die Deckleiste.

Für die Familie der Pfauen- und Bouquet-Muster ist eine Pfauenkammleiste notwendig. Sie besteht aus zwei parallelen und gegeneinander versetzten Nagelreihen. Die Abstände zwischen den Nägeln betragen etwa 2 bis 3 cm. Hier ist die Zeichnung eines solchen Kammes:

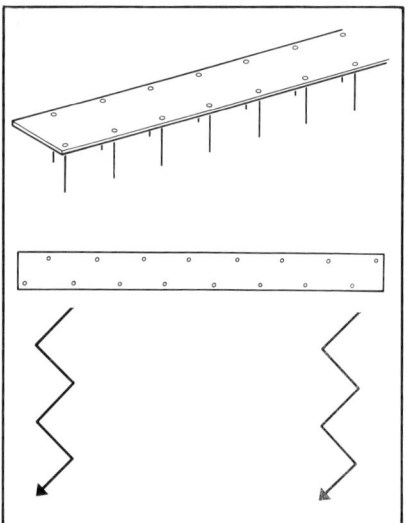

Die Länge des Kammes soll immer etwas kürzer sein als die Wanne breit bzw. lang ist. Beim Marmorieren setzen Sie bitte den Kamm immer absolut senkrecht ein.

Alaun

In Wasser gelöster Alaun dient als Fixiermittel. Die zum Marmorieren bestimmten Papierbögen werden zuvor mit einem Schwamm oder Tuch mit Alaunwasser behandelt. Da die Farben auf feuchtem Papier nicht haften, muß jeder Bogen vor dem Marmorieren zumindest angetrocknet oder gleichmäßig trocken sein.

Für die Zubereitung von einem Liter Alaunwasser kaufen Sie 100 Gramm Alaun in der Apotheke. Erhitzen Sie einen Liter Wasser, und geben Sie, wenn das Wasser zu kochen beginnt, den Alaun hinzu. Rühren Sie so lange, bis sich der Alaun vollständig aufgelöst hat. Abgekühlt ist das Alaunwasser verwendungsfertig. Bewahren Sie Alaunwasser immer in einem verschlossenen Gefäß auf, da der Alaun zum Auskristallisieren neigt. Sollten sich doch Alaunkristalle am Boden abgesetzt haben, können Sie die Flüssigkeit erneut erhitzen.

Papier

Vom Packpapier bis zum handgeschöpften Büttenpapier sind fast alle Papierarten zum Marmorieren geeignet. Es ist lediglich darauf zu achten, daß sie saugfähig sind und keine Oberflächenbeschichtung aufweisen. Es hängt vom jeweiligen Verwendungszweck ab, für welche Papierqualität man sich entscheidet. Ein Aquarellblock, der in jedem Geschäft für Malbedarf zu finden ist, eignet sich für den Anfang sehr gut.

Der Marmoriervorgang

Kurzbeschreibung

Wasserdünne Farbe wird auf einer schleimartigen Flüssigkeit zum Schwimmen gebracht, mit Stäbchen oder Kämmen gemustert und durch Auflegen eines Bogens Papier von der Flüssigkeitsoberfläche abgenommen und so auf Papier übertragen.

Der Marmoriergrund aus Carragheen ist empfindlich gegenüber Raumtemperatur und Luftfeuchtigkeit. Dort, wo marmoriert wird, sollte die Raumtemperatur konstant und die Luft nicht zu warm und zu trocken sein.
Durch den ständigen Verdunstungsprozeß bildet sich auf der Oberfläche des Marmoriergrundes rasch eine Haut. Dies ist besonders bei einem frischen Grund bemerkbar. Die Oberflächenspannung der Haut verhindert das Ausdehnen der Farbe auf dem Marmoriergrund. Die Farbtropfen breiten sich nicht kreisförmig und konturscharf aus, sondern eher sternförmig und bleiben insgesamt sehr klein. Des-

halb ist es notwendig, vor jedem Farbauftrag zum Marmorieren den Marmoriergrund mit einem Streifen Zeitungspapier abzuziehen und damit von der Haut – und auch von Farbresten des vorherigen Marmoriervorganges – zu säubern (s. Abb.). Aus demselben Grund sollten größere Verzögerungen beim Farbauftrag unterbleiben. Dem Anfänger ist deshalb unbedingt zu empfehlen, zunächst nur mit zwei oder drei Farben zu marmorieren.

Nachdem die Oberfläche gesäubert wurde, probieren Sie das Verhalten Ihrer Farben aus. Wenn die Farben nach unten sinken, wird mehr Ochsengalle benötigt. Breiten sie sich jedoch sehr rasch und groß aus, müssen mehr Farbpaste und Wasser eingerührt werden. Erscheint die Farbe sehr blaß, enthält sie zu viel Wasser und muß durch Zugabe von Farbpaste konzentriert und zur Erhaltung ihrer Treibkaft entsprechend mit Ochsengalle versetzt werden. Ein „normaler" Farbkreis sollte einen Durchmesser von 4 bis 8 cm haben. Dies selbstverständlich nur als grober Anhaltspunkt.

Haben Sie den Test jeder Farbe abgeschlossen, und sind Sie mit den Ergebnissen zufrieden, säubern Sie die Oberfläche wieder mit einem Zeitungspapierstreifen. Nun können Sie mit dem Marmorieren beginnen. (Haben Sie genug Papier mit Alaunwasser präpariert?) Tropfen oder spritzen Sie nun nacheinander Ihre Farben auf den Marmoriergrund.

Die Farben, die sich auf der Oberfläche nun mehr oder weniger regelmäßig ausgedehnt haben, werden mit Hilfe von Stäbchen oder Kämmen gemustert. Das geschieht, indem man einfach durch den Marmoriergrund zieht.

 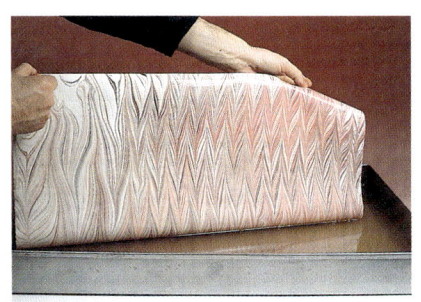

Ein mit Alaun vorbehandeltes Papier wird sehr vorsichtig in die Wanne gelegt bzw. in dieser abgerollt. Dabei beginnt man entweder in einer Ecke oder in einer Diagonalen und senkt das Papier auf die restliche Oberfläche ab. Es sollten beim Auflegen des Papiers möglichst keine Luftblasen oder Knicke entstanden sein. Luftblasen erscheinen auf dem Papier als ungefärbte Stellen und stören regelmäßige Muster ganz erheblich. Knicke im Papier ergeben Streifen wie Sonnenstrahlen.

Schließlich wird das Papier, auf dem unser Muster oder Bild fixiert ist, wieder von der Wanne abgehoben. Es ist notwendig, das Papier mit Wasser abzuspülen, um es von Schleimresten zu befreien. Der fertige Bogen kann dann zum Trocknen an eine Wäscheleine geklammert und danach zwischen beschwerten Holzbrettern gepreßt oder mit dem Bügeleisen geglättet werden.

Steinmuster

Das Steinmuster ist eine der ältesten Musterarten in der Marmorierkunst. Für Steinmuster werden die Farben auf den Marmoriergrund aufgespritzt und weiter nicht bearbeitet. Sollen die Farbtropfen gleichmäßig groß bzw. klein sein, kann für den Farbauftrag ein Marmorierpinsel (Schlagbesen) oder Borstenpinsel benutzt werden.

Steinmuster kann ein- oder mehrfarbig sein. Bei mehrfarbigem Steinmuster ist zu beachten, daß die zuerst aufgetragene Farbe durch die nachfolgende verdrängt und dadurch dunkler wird. Spritzt man nach dem letzten Farbauftrag mit destilliertem Wasser verdünnte Ochsengalle (sog. Sprengwasser, s. Seite 13 Ochsengalle) auf, ergeben sich grießkörnige oder blasige Steinstrukturen.

Beste Steinmuster erzielt man mit einem zwei bis drei Tage alten, also „reifen" Marmoriergrund.

Hin-und-Her-Muster

Hin-und-Her-Muster kann man mit einem Stäbchen oder mit Hilfe eines Kammes herstellen. Nach dem Farbauftrag wie beim Steinmuster durchzieht man die Wanne in ihrer gesamten Breite oder Länge mit einem Stäbchen in regelmäßigen, engen Zick-Zack-Bewegungen. Am deutlichsten wird das Muster, wenn man einen Abstand der Zick-Zack-Linien von 2 bis 3 cm einhält, aber auch ganz enge oder sehr weite Zick-Zack-Linien können ihren Reiz haben.

Mit einem Kamm kann man sich die Sache etwas einfacher machen, das Ergebnis sieht dann regelmäßiger aus als bei der reinen „Handarbeit". Dazu wählt man einen Kamm mit einem breiten Nagelabstand. Die schwimmenden Farben werden zuerst mit einem Kamm von links nach rechts durchzogen, dann wird der Kamm versetzt von rechts nach links zurückgezogen. Selbstverständlich geht das auch von oben nach unten und umgekehrt. Es ist unerheblich, wo man anfängt. Wichtig ist nur, daß man den Kamm versetzt wieder zurückführt.

Feiner wird das Muster, wenn man denselben Vorgang im rechten Winkel zum ersten Arbeitsgang noch einmal durchführt (s. Abb.).

23

Zebramuster

Zebramuster ist eine Variation des Hin-und-Her-Musters. Nachdem das Hin-und-Her-Muster wie beschrieben marmoriert worden ist, spritzt man erneut Farbe darauf. Die feinen Linien werden durch die zusätzlichen Farbtröpfchen unregelmäßig zusammengeschoben.

Phantasiemuster

Zur Herstellung von Phantasiemustern benötigt man als einziges Hilfsmittel ein Stäbchen. Zuerst werden die Farben wie beim Steinmuster auf den Marmoriergrund aufgetragen, dann mit dem Stäbchen unregelmäßig sternförmig in verschiedene Richtungen verzogen. Es ist wichtig, daß diese unregelmäßige Handbewegung über die gesamte Oberfläche regelmäßig verteilt wird – nur so läßt sich nachher ein Muster erkennen. Ein sehr feingliedriges Muster ergibt sich, wenn das Phantasiemuster auf Hin-und-Her-Muster marmoriert wird.

Auf einem dünnflüssigen Grund treiben die Farben rasch auseinander, und die Handbewegungen müssen sparsam und vorsichtig sein, um nicht die gesamte Flüssigkeit in zu starke Bewegung zu versetzen.

Ist der Grund dick, muß mehr mit dem Stäbchen gearbeitet werden, um die Farben zu bewegen und in die gewünschte Form zu bringen.

Kammuster

Kammuster entsteht als dritte Stufe nach dem Stein- und Hin-und-Her-Muster. Hat man das Hin-und-Her-Muster vollendet, setzt man senkrecht zu seinem Linienverlauf den Kamm an und zieht ihn *einmal* durch. Bei der Arbeit mit dem Kamm ist darauf zu achten, daß die Nadeln gleichmäßig durch den Marmoriergrund ziehen, also weder aus dem Grund herausragen noch die Kammleiste selbst in die Farboberfläche eintaucht und dadurch die Musterung zerstört.

Eine flammig-bewegte Variante des Kammusters ergibt sich, wenn man den Kamm nicht gerade durchzieht, sondern ihn S-förmig führt. Verschiedene Doppelkammuster entstehen, wenn man einen zweiten Kamm quer oder längs zur ersten Kammrichtung durchzieht.

Amerikanisches Muster

Als Amerikanisches Muster bezeichnet man eine Besonderheit des Doppelkammusters (siehe Kammuster). Und zwar wird für die zweite Kämmung, die immer senkrecht zur ersten zu erfolgen hat, *derselbe* Kamm benutzt. Die sich dadurch ergebenden Muschelformen sind in der Länge und Breite gleich – also quasi quadratisch.

Schneckenmuster auf Steinmarmor

Charakteristisch für Schneckenmuster ist die spiralförmige Bewegung. Hat man ein- oder mehrfarbiges Steinmuster auf die Marmorierflüssigkeit aufgetragen, formt man entweder mit einem Stäbchen einzeln eine Schnecke

nach der anderen, oder man benutzt einen Kamm mit breitem Nagelabstand und erzeugt die Spiralformen gleich reihenweise. Für den, der häufig Schneckenmuster marmorieren möchte und es regelmäßig liebt, lohnt sich die Anfertigung einer ganzen Nagelplatte, mit der durch eine einmalige Spiralbewegung gleich die gesamte Oberfläche gemustert wird.

Schneckenmuster auf Hin-und-Her-Muster

Diese Kombination entsteht, wenn das Hin-und-Her-Muster, wie auf Seite 22 beschrieben, mit einem Stäbchen oder einem Kamm zusätzlich spiralförmig gemustert wird.

Schneckenmuster auf Kammarmor

Zuerst marmoriert man wie üblich aus Stein- und Hin-und-Her-Muster das Kammuster. Dahinein werden dann die Schnecken geformt. Falls man zum Schneckenmarmorieren einen Kamm benutzt, spielt es keine Rolle für das Muster, ob man ihn senkrecht oder parallel zu den Kammlinien ansetzt.

Pfauenmuster

Als besonderes Hilfsmittel ist hier eine Pfauenkammleiste notwendig. Als erstes werden die Farben für ein Steinmuster aufgetragen und – wie an dem hier abgebildeten Beispiel – von links nach rechts mit den Hin-und-Her-Linien durchzogen. Die Pfauen-

kammleiste wird nun parallel zu den vorher erzeugten Linien angelegt, so daß die Bewegungsrichtung senkrecht dazu verläuft. Man zieht die Pfauenkammleiste dann in kurzen, regelmäßigen Zick-Zack-Bewegungen (s. auch Seite 16). Damit ein exaktes und vollkommenes Pfauenmuster entsteht, müssen die Zick-Zack-Linien, die man ausführt, immer rechtwinklig sein, und die Länge einer Linie muß genau dem diagonalen Abstand der Nägel auf der Pfauenkammleiste entsprechen.

Ein besonders wirkungsvolles Pfauenmuster entsteht, wenn man beim Farbauftrag und Marmorieren des Hin-und-Her-Musters auf Hell-Dunkel-Kontraste achtet.

Bouquetmuster

Bouquetmuster ist von seiner Machart her eine Variante des Pfauenmusters. Hier wird nach dem Stein- und Hin-und-Her-Muster, vor Gebrauch der Pfauenkammleiste, erst noch ein Kammuster marmoriert. Die Pfauenkammleiste setzt man in genau derselben Richtung an wie vorher den Kamm und führt sie in Richtung der Kammlinien in der bereits beschriebenen Zick-Zack-Bewegung hindurch. Die Pfauenkammleiste sollte möglichst ruhig und ohne ruckartige Bewegungen geführt werden. Ist der Marmoriergrund sehr dünn, erhält man zumeist kein exaktes Muster, weil die Flüssigkeit durch die Zick-Zack-Bewegung in Eigenschwingung versetzt wird und die Musterung dadurch stört.

Hatip-Muster

Hatip-Muster ist nach dem Prediger (Hatip) der Hagia-Sophia-Moschee in Istanbul, Mehmed Efendi, benannt, der im 18. Jahrhundert dort wirkte und ein bekannter Marmoriermeister war.
Vom Hatip-Muster kennen wir verschiedene Varianten. Sie heißen Menekşe (Veilchen), Yıldız (Stern), Yürekli (Herz), Taraklı (Herz mit Kamm) und Çift Yönlü Yürek (Herz in zwei Richtungen). Auf der Abbildung Seite 43 haben wir Çift Yönlü Yürek als Beispiel: Zuerst wird Steinmuster als Grundfarbe aufgetragen. Darauf werden mit einer zweiten Farbe einzelne Tropfen in gleichen Abständen und der Reihe nach aufgetragen, bis die gesamte Fläche ausgefüllt ist. Genau in die Mitte dieser Farbkreise hinein werden

mit einer dritten Farbe wiederum
Tropfen gesetzt. Diesen Prozeß
kann man nach Belieben bis zu
weiteren vier Durchgängen wie-
derholen. Die Farben sollte man
so wählen, daß Hell-Dunkel-Hell
aufeinander folgen.

Für die Musterung wird die erste
Reihe der Farbkreise mit einem
Stäbchen von links nach rechts
durchzogen, wobei man durch
den Mittelpunkt jedes Kreises
zieht. Die nächste Reihe wird von
der entgegengesetzten Seite aus,
hier also von rechts nach links,
bearbeitet, und so weiter. Nachdem alle Reihen in dieser Hin-
und-Her-Bewegung gemustert
sind, wird derselbe Prozeß, nur
diesmal in senkrechter Richtung,
wiederholt.

Der Klarheit wegen wurde bei
diesen Abbildungen auf den
Steinmustergrund verzichtet.

Herzmuster

Herzmuster ist ebenfalls ein altes und aus dem Orient bekanntes Muster. Grundlage ist ein Steinmuster in Pastelltönen. Darauf wird eine kontrastierende, dunkle Farbe einzeln aufgetropft. Die Tropfen können unregelmäßig oder regelmäßig angeordnet werden, sollten aber möglichst klein sein, damit das Muster gut zur Geltung kommt. Mit einer Nadel durchzieht man jeden Tropfen, als wollte man ihn in zwei Hälften teilen. Die entstehenden Herzformen wirken interessanter, wenn man die Tropfen nicht senkrecht durchzieht, sondern einen leichten Bogen, etwa einen Viertelkreis, beschreibt.

Zu den marmorierten Bildern

Während in Europa die klassischen Muster bekannt und beliebt sind, findet man im Orient eine ausgeprägte Tradition marmorierter Blumen. Die folgenden Beispiele entstanden angelehnt an diese Tradition, reichen jedoch weit über sie hinaus. Marmoriert wurden sie von Yvonne Jäckle-Sönmez und Nedim Sönmez.

Diese Beispiele zeigen die unbegrenzte Vielfalt – auch mit künstlerischer Aussage –, die die Technik des Marmorierens zunächst verdeckt hält. Wenn man Material und Technik beherrscht, können jedoch die schönsten Motive auf dem Marmoriergrund angelegt werden.

Blumen und andere Motive marmoriert man grundsätzlich genauso, wie bei den Mustern beschrieben (vgl. besonders die Beschreibung von Hatip- und Herzmuster). Jedes Motiv entsteht aus einem oder mehreren gezielt aufgetragenen Farbtropfen, die mit einzelnen Nadeln, Stäbchen oder kleinen Kämmen in die gewünschte Form gebracht werden. Hintergrund und Motiv entstehen nacheinander während desselben Marmoriervorganges.

Weitere Beispiele enthält der Katalog: Nedim Sönmez, Yvonne Jäckle-Sönmez, Türkisch Papier EBRU, Turkish Marbled Paper, Jäckle-Sönmez Verlag, 7400 Tübingen, Gösstraße 12.

Wellen 36 × 50 cm, von Nedim
Sönmez, 1989

Zu den Miniaturblumen

Die folgenden zehn Blumenbilder habe ich für das Miniaturbuch „Die Geschichte der marmorierten Blumen" marmoriert. Sie sind in Originalgröße abgebildet.

Tulpe

Hyazinthe

Rose

Lilie

Mohnblume

Chrysantheme

Nelke

Stiefmütterchen

Margerite

Iris

51

Blume *28 × 18 cm, von Yvonne Jäckle-Sönmez, 1988*

Lilien *29 × 21 cm, von Yvonne Jäckle-Sönmez, 1986*

Fische *34 × 40 cm, von Nedim Sönmez, 1984*

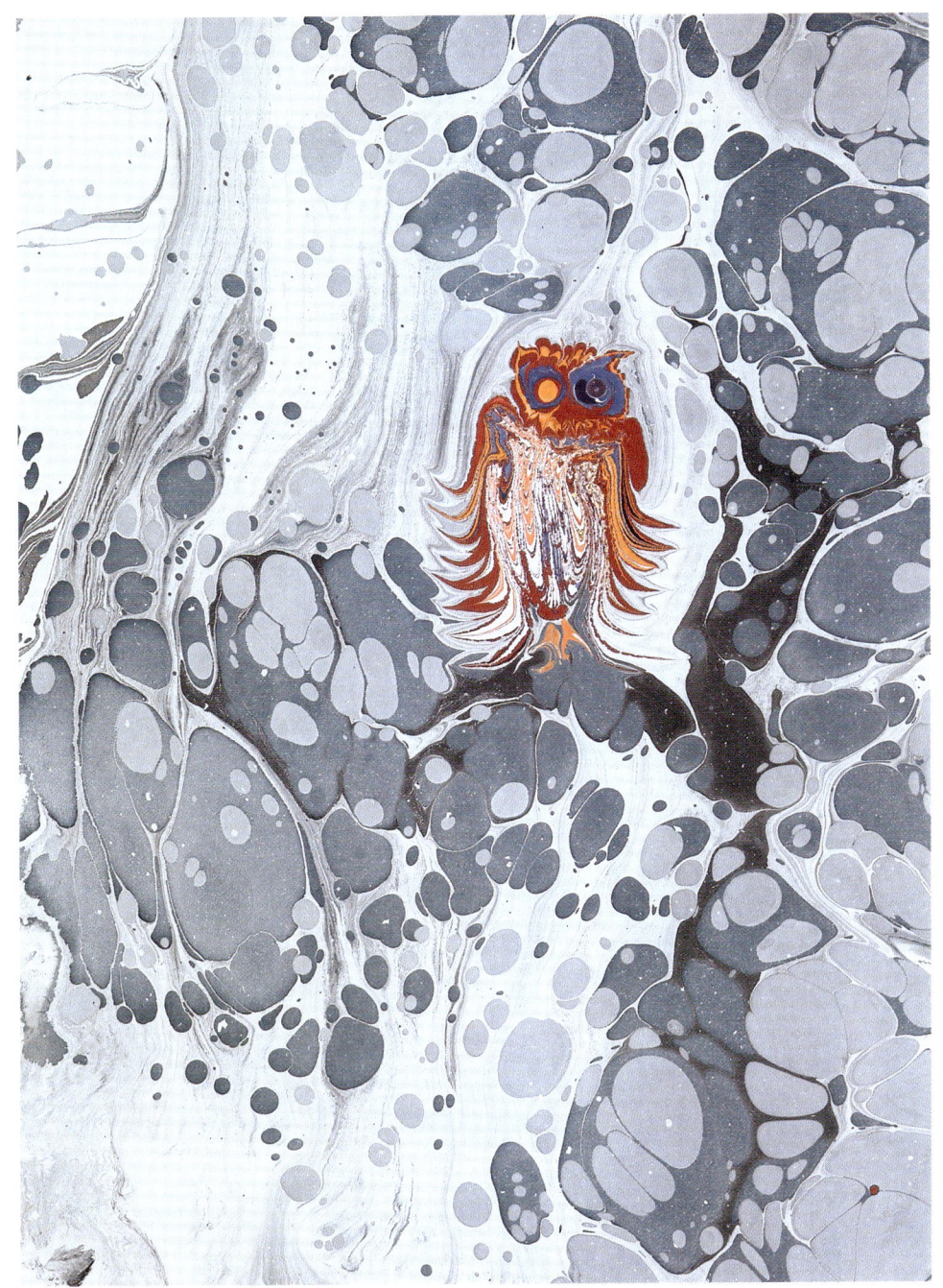

Eule 40 × 30 cm, von
Yvonne Jäckle-Sönmez,
1988

Im Mondlicht 27 × 41 cm, von Nedim Sönmez, 1985

Istanbul 32 × 35 cm, von Nedim
Sönmez, 1989

Landschaft *32 × 36 cm, von Nedim Sönmez, 1989*

61

Karawane 50 × 41 cm, von Nedim
Sönmez, 1985

Nedim Sönmez lebt in Tübingen, wo er sich ausschließlich der Marmorierkunst „Ebru" widmet. Er wurde in der Türkei geboren, wo er nach einem Pädagogik-studium auch ein Studium der Betriebs-wirtschaft abschloß. Seit 1980 lebt er in der Bundesrepublik Deutschland.
Er ist durch seine zahlreichen Ausstel-lungen sowohl im Inland als auch im (Übersee-)Ausland bekannt.

Die Deutsche Bibliothek –
CIP-Einheitsaufnahme

Grundkurs Marmorieren:
Technik – Muster – Motive / Nedim Sönmez. [Übers.: Cem Özdemir]. – Freiburg im Breis-gau: Christophorus-Verlag, 1993 (Hobby & Werken)
ISBN 3-419-53518-X

© 1993 Christophorus-Verlag GmbH
Freiburg im Breisgau

Fotos:
Seite 5: Universitätsbibliothek, Istanbul
Seite 6: Sami Pekşirin, Istanbul
Fotos Seiten 7, 8, 9, 52, 53, 54, 55, 56, 57, 59, 61, 63: Nedim Sönmez
Alle übrigen Fotos:
Peter Neumann, Ammerbuch
Reinzeichnungen:
Anne Marie Friedel
Übersetzung:
Cem Özdemir, Tübingen
Textbearbeitung:
Yvonne Jäckle-Sönmez
Umschlaggestaltung:
Michael Wiesinger
Reproduktionen:
Scan-Studio Hofmann, Freiburg i. Br.
Herstellung: Konkordia Druck GmbH, Bühl (Baden) 1993